CONGRESSO INTERNACIONAL DO MEDO

CONGRESSO INTERNACIONAL DO MEDO

GRACE PASSÔ

CONGRESSO INTERNACIONAL DO MEDO

Olho da onça por Grace Passô	8
CONGRESSO INTERNACIONAL DO MEDO	13
SOBRE O ESPETÁCULO	
Deslimites do medo por José Marcio Barros	58
Morte e vida severinas por Gustavo Bones	62
O outro por Marcelo Castro	66
BIOGRAFIAS	
Grace Passô	70
espanca!	71

Olho da onça
Por Grace Passô

Já foi a um congresso? Já viu um tradutor ao lado de um palestrante que é uma grande personalidade? Já te passou pela cabeça, por um instante, que aquele tradutor podia estar te traindo? Que podia estar amaciando excessivamente os sentidos, ou simplesmente resolvendo a bagunça que sai da boca da grande personalidade? E, por alguns instantes, não te passou pela cabeça o enorme abismo que existe entre a última palavra do palestrante e a primeira do tradutor? Pois bem. Nas próximas páginas, você lerá *Congresso Internacional do Medo*. Este texto surgiu inspirado no título de um poema de Drummond, esse jardineiro daqui de Minas responsável por fertilizar um mundo de gentes e palavras. Escrevi este texto paulatinamente, dentro da sala de ensaio, texto escrito por dez dedos, vinte pernas, vinte braços, muitos ventres, ancas, pensamentos, gritos e sussurros. Escuta a filosofia da morte, imponente, cavalgando sobre um quadrúpede esguio. A morte segue trotando, linda, poderosa, mantra da matéria. Os filósofos olham a morte, buscam palavras, não as encontram. Encontram, sim, algumas frases parcas, e as soltam ao vento, para construir alguma forma no mundo: linguagem. *Congresso Internacional do Medo* é uma ode à linguagem. E eu sempre suspiro quando os congressistas filosofam entre si, sussurrando, para não acordar a criança:

Nágoras disse que a vida é uma grande epifania com pausas gigantescas.
Hiócoles disse que o medo é a véspera da coragem.
Fartre escreveu que o segredo da vontade de viver está dentro de um ovo. Bem como nós.
Putdjawa me disse um dia que a felicidade mora no olho de uma onça. E que a gente, pra ser feliz, tem que olhar no olho dela.

Congresso Internacional do Medo estreou no dia 4 de julho de 2008, no Teatro Klauss Vianna, em Belo Horizonte, Minas Gerais.

Dramaturgia: GRACE PASSÔ
Atores: ALEXANDRE DE SENA (Doutor José), GLÁUCIA VANDEVELD (Tradutora), GUSTAVO BONES (Tusgavo Tapbista), IZABEL STEWART (Payá), MARCELO CASTRO (Trumak), MARIANA MAIOLINE (Reluma Divarg), MARISE DINIS (Dançarina), SÉRGIO PENNA (Dançarino)
Assessoria Dramatúrgica: ADÉLIA NICOLETE
Assistência de Direção: FERNANDA VIDIGAL
Direção de Arte: RENATO BOLELLI
Assistente de Cenografia: VIVIANE KIRITANI
Assistente de Figurinos: GILDA QUINTÃO
Iluminação: NADJA NAIRA
Arranjos Sonoros: ALEXANDRE DE SENA
Música da Tribo: DANIEL MENDONÇA
Vídeo: ROBERTO ANDRÉS e LEANDRO ARAÚJO
Coreografia: SÉRGIO PENNA
Preparação Vocal: CAMILA JORGE e MARIANA BRANT
Técnico e Operador de Luz: EDIMAR PINTO
Cenotécnico: JOAQUIM PEREIRA
Costureira: MÉRCIA LOUZEIRO
Produção: ALINE VILA REAL
Realização: GRUPO ESPANCA!

Das longínquas terras do oriente, depois de atravessar grande parte do oceano e enfrentar dias de chuva e sol escaldante, surge um mosquito da espécie "Bacidui Intinundae". Desde o início de sua audaciosa jornada, dias se passaram para que seu delicado corpo chegasse até aqui, no Congresso Internacional do Medo, onde é possível ver os cinco convidados da conferência, dormindo sobre uma mesa do evento. O mosquito percorre o corpo de cada um deles, acordando-os, um por um:

Sr. Doutor José
Habitante de uma pequena ilha inicialmente situada em meio ao oceano Atlântico, mas que inexplicavelmente passou a se locomover livremente pelos oceanos. A ilha, que não possui localização fixa no mapa e perambula pelos dois hemisférios da Terra, é falante de uma língua ainda indecifrada, uma espécie de português às avessas. Um exemplo desta gramática rara:

> **Na língua de Doutor José:** Mamãe sempre me contou historietas.
> **Tradução em português:** Minha mãe me disse que as palavras eram de vidro.
>
> **Na língua de Doutor José:** Nem ouvi.
> **Tradução em português:** Eu não acreditei.
>
> **Na língua de Doutor José:** Mas disse contundente uma que não esqueço, que me acabou pegando.
> **Tradução em português:** Um dia, ela me explicou seriamente que havia uma substância no céu da boca que com o tempo ia se transformando em vidro.
>
> **Na língua de Doutor José:** Se saboreasse errado engoliria o erro.
> **Tradução em português:** E que se eu não me acostumasse a ter cuidado ao falar, minha boca ia começar a sangrar.
>
> **Na língua de Doutor José:** E nesse pois bem,
> **Tradução em português:** E foi por esse motivo,

Na língua de Doutor José: nesse ingênuo pois bem,
Tradução em português: esse motivo inocente,

Na língua de Doutor José: comecei a mastigar o amor.
Tradução em português: que passei a falar com mais doçura.

Sr. Tusgavo Tapbista

Estudioso de peixes representante de Nhanpenha, país conhecido pela famosa "galinhada", festa em que homens atraem as galinhas com um pano, e quando essas se aproximam são espetadas com pequenas varas cortantes. Um dia, Nhanpenha foi colonizada pela Espanha e hoje o país é falante de uma língua cujo som se assemelha ao espanhol. Um exemplo deste raro vocábulo:

Em português:	**Na língua de Tusgavo:**
não	nol
sim	li
vida	diva
morte	morte
animal	aminal
nascimento	canimiento
um	nu
eu	uououô
elefante	eletanfe
inseto	insecpo
tempo	piempo

Sra. Reluma Divarg
Estudiosa do medo nos contos de fadas infantis, Sra. Reluma está coberta por longos panos, e dela só é possível ver os olhos. Habitante da República da Mínia, país falante de uma língua que soa como a harmonia de uma música. Um exemplo desta língua que soa tão bem para os ouvidos:

Na língua de Sra. Reluma: ~~~~(0)~~~~
Tradução em português: Toda mulher carrega o mundo dentro de si.

Na língua de Sra. Reluma: |\|//_\/|||_/\\\\
Tradução em português: O mundo carrega mal as mulheres.

Na língua de Sra. Reluma: OOooOo°ooOooo°°
Tradução em português: Pergunte às cegonhas, para você entender.

Trumak e Payá
Representantes dos Ayritã, povo que nos primeiros registros somavam 150 mil habitantes em terras brasileiras e hoje existem dois, apenas: Trumak e sua irmã. Trumak e Payá são falantes do português.

Surge uma Tradutora em uma cadeira de rodas: é ela quem traz a aliviante possibilidade de se compreender o que dizem os convidados do congresso, elo dessa reunião multilíngue, a que interpreta o discurso como se fosse seu, em primeira pessoa.

Tusgavo fala em sua língua e, em seguida, é traduzido pela Tradutora.

Tradutora: (*traduzindo Tusgavo*) Bem, eu... eu acho que deveríamos começar este encontro. Se ninguém se importar, posso iniciar com minha exposição... Quando eu recebi o convite para participar, fiquei lisonjeadíssimo, é claro, com a possibilidade de integrar a mesa desse evento tão bem falado, tão elogiado, mas acho estranho que não haja ninguém aqui da organização para nos receber, mediar, enfim, para iniciar este congresso! Na carta que me escreveram, eles insistiram que minha presença seria de extrema importância na temática do evento. Gostaria de ser mais respeitado, então!

Doutor José: (*com um pequeno globo terrestre nas mãos*) ...Assim como o senhor também libertou, digo aos presentes que igualmente fago o fato desse.

Tradutora: (*traduzindo Doutor José*) Assim como disse o senhor, gostaria de dizer para a plateia presente que fui convidado da mesma forma que ele para este encontro.

Doutor José: (*pega uma carta*) Pousava no meu teto

até chegar este papel com meu nome; dentro dormiam as seguintes palavras...

Tradutora: (*traduzindo Doutor José*) Estava em casa, quando recebi esta carta endereçada a mim, com os seguintes dizeres...

Doutor José: (*lendo a carta*) "Você me dê licença."

Tradutora: (*traduzindo Doutor José*) Caro senhor.

Doutor José: "Opa!"

Tradutora: (*traduzindo Doutor José*) Saudações!

Doutor José: "Desejamos tirar a roupa querendo gritar sussurrado ao seu ouvido, para que esteja aqui no Congresso Internacional do Medo."

Tradutora: (*traduzindo Doutor José*) É com satisfação que vimos através desta convidá-lo para integrar a mesa do Congresso Internacional do Medo.

Doutor José: "Ao senhor, dizemos que muito queríamos sentir o cheiro de seu atraente corpo."

Tradutora: (*traduzindo Doutor José*) Ao habitante desta ilha, reiteramos nosso profundo interesse em ter seu pensamento permeando nossas cabeças, a fim de que elas se embebedem das suas palavras.

Doutor José: "Para poder tocá-lo oferecemos o testículo

de uma mão de ficções."

Tradutora: (*traduzindo Doutor José*) Para sua participação, o evento oferece, como agradecimento por sua nobre presença, a importância simbólica de cinco ficções.

Doutor José: Aí, povoei a alma:

Tradutora: (*traduzindo Doutor José*) Então eu pensei:

Doutor José: É, uma mão de ficções compra muita coisa.

Tradutora: (*traduzindo Doutor José*) De fato, cinco ficções é uma quantia considerável.

Doutor José: Mas prometi à minha família que pintaria a casa neste outono.

Tradutora: (*com dificuldade para traduzir*) Mas... bem (*como quem conserta as palavras do Doutor*), no momento não estou disposto a fazer uma viagem tão longa.

Doutor José: Pintei o papel com obrigado, obrigado, mas dizendo que o sentido disso estava míope...

Tradutora: (*traduzindo Doutor José*) Escrevi uma resposta agradecendo mas dizendo que não participaria...

Doutor José: ...mas outro papel caiu em minhas mãos

e meu coração sentiu vontades próprias de estar aqui, e assim disse tudo bem, não contrariarei meu coração.

Tradutora: (*traduzindo Doutor José*) ...mas eis que recebo outra carta da organização, e, ao abri-la, fiquei tão encantado com suas palavras sensíveis e belas, que fui convencido a aceitar o convite.

Doutor José: E olha aqui meu eu.

Tradutora: (*traduzindo Doutor José*) E cá estou eu.

Trumak: (*gritando*) Eu queria pedir para a organização do evento uma cadeira, porque eu trouxe minha irmã comigo, irmã de sangue. (*para Payá, escondida*) Payá, vem cumprimentar o povo, vem.

Payá surge por detrás da mesa. É uma mulher com desenhos pelo corpo e um bracelete vistoso de penas.

Payá: (*para os congressistas*) Oi.

Trumak: Eu espero que vocês sejam respeitosos, porque outro dia chamaram a gente pra fazer rito e quando chegamos lá era festa de formatura. Outro dia, chamaram Payá pra gravar Compact Disc. Trataram minha irmã muito bem, trataram Payá igual rainha porque eles queriam gravar um "CD de Dia do Índio". Tinha muito músico famoso lá, não tinha, Payá?

Payá: Tinha.

Trumak: Trumak riu muito porque minha irmã sempre foi na aldeia a mulher de canto mais feio! (*irônico*) Mas eles gostaram e falaram que Payá canta muito bem. Que nada.

Os irmãos gargalham. Reluma fala.

Tradutora: (*traduzindo Reluma*) Eu também fui convidada da mesma forma que os senhores, e apesar de minha situação, aceitei o convite feito a mim. Se os senhores me permitem, eu gostaria de iniciar de uma vez por todas esse encontro mostrando minha tese recém-apresentada na Fundação Stempfer com o título "O ensinamento do medo nos contos de fadas infantis". De modo geral, eu vou tentar explicar aqui para vocês por que os contos de fadas são os primeiros contatos que a criança tem com o medo. E que, ao ensinar as crianças a sentir medo, os pais buscam ensinar as crianças a se protegerem. Não é à toa que a maioria dos contos tem algum ensinamento sobre aquilo que é o tema de maior medo da humanidade... todos sabem de qual tema eu estou falando, não é mesmo?

Payá encontra um controle remoto sobre a mesa.

Tradutora: (*traduzindo Reluma*) ...o maior medo da humanidade é a morte, e esse é inclusive outro tema que cito nos meus estudos. (*grita, para onde quer que esteja a organização do evento*) Eu gostaria de começar mostrando uma pesquisa, eu trouxe um esquema de minha tese, gostaria que colocassem a pasta escrita "Pesquisa com crianças no Word", por favor!

Payá: (*lendo um bilhete escrito no controle remoto*) "Aperte no X para a projeção de gráficos e afins."

Tusgavo fala e é traduzido.

Tradutora: (*traduzindo Tusgavo*) Este encontro gosta muito de bilhetes. Quando cheguei aqui, eles deixaram um para mim com a aeromoça do avião!

Reluma prossegue a palestra. O gráfico surge, projetado. A Tradutora finge continuar a tradução de Reluma, mas, na verdade, confessa para a plateia sem que os congressistas percebam.

Tradutora: (*sussurra*) Esse definitivamente é o último congresso em que trabalho. Esses congressos me cansam e vou dizer mais claramente o que eu acho, eu acho que eles me chamam porque é mais barato chamar uma tradutora poliglota do que uma tradutora que fala uma língua só. E eu também me enervo quando dá algum problema e eles olham para mim, como se eu não tivesse sido convidada também. Quando eles chegaram aqui, vieram me perguntando uma série de coisas sobre o evento como se eu o tivesse organizado. Quando eles falaram agora que não sabiam o motivo de estarem aqui, me deu vontade de tomar a palavra e dizer que eu também não sei por que estou aqui. Que eu também me prometi descansar desse trabalho com as palavras. As palavras me cansam. E, sabe, nem tudo é possível traduzir. Quando eu olho algum palestrante que, por algum momento, não sabe bem o que diz, eu acho tão mais significativo do que sair por aí dizendo palavras e palavras tentando nomear algum conceito. Eu conheço esse tipo de evento. Eles ficarão horas e horas tentando conceituar a vida e quando chegarem em suas casas, em seu país, não vão conseguir sequer dizer "boa noite" para alguém de quem sentem mágoa... não sei por quanto tempo ainda ficaremos aqui.

Tradutora volta a traduzir, de fato, o que Reluma fala.

Tradutora: (*traduzindo Reluma*) ...de sete anões, assim como sete são os planetas regentes e sete são os pecados capitais. Por fim, como é de costume dizer, eles terminam "felizes para sempre", que é o final essencial para todas as histórias infantis. Acho que é um bom momento para abrirmos para as perguntas do público.

Tusgavo fala, Tradutora traduz.

Tradutora: (*traduzindo Tusgavo*) Eu tenho uma pergunta... Em seus estudos, a senhora fala muito de "felizes para sempre", mas o que é o "sempre" para a senhora? A senhora me desculpe, mas o "sempre" não existe para o homem. Para mim é uma contradição dizer que essas histórias ensinam as crianças a entender a morte, se as próprias histórias terminam com "felizes para sempre".

Reluma responde.

Tradutora: (*traduzindo Reluma*) É que para ensinar o sentido da morte é preciso ensinar o sentido de "coragem" para as crianças.

O mosquito volta a ziguezaguear pelos oradores.

Doutor José: Zuttgenstein disse que é preciso estar vivo para entender a morte.

Tradutora: (*traduzindo o doutor*) Zuttgenstein disse que a dor da morte só existe para os vivos.

O mosquito passeia pelo ar. Tusgavo pergunta.

Tradutora: (*traduzindo Tusgavo*) E o que "coragem" tem a ver com "felizes para sempre"?

Reluma responde.

Tradutora: (*traduzindo Reluma*) Senhor, dizer "felizes para sempre" é uma forma de falar para as crianças que, apesar das agruras da vida, a vida pode dar certo.

Doutor José: A senhora está apaixonada.

Tradutora: (*traduzindo o doutor*) A senhora tem razão.

O mosquito passeia por Doutor José. Tusgavo fala.

Tradutora: (*traduzindo Tusgavo*) Pois eu pergunto aos senhores aqui presentes: Qual é o contrário da vida? (*pausa*) Vamos! (*pausa*) Se pensaram em responder que é a morte, eu vou logo dizendo: a morte não é o contrário da vida e sim um fenômeno essencial dela. O ciclo que vai do nascimento à morte é um princípio de organização dos sistemas vivos. Os organismos vivos substituem-se constantemente. Nascer e morrer é uma questão de auto-organização. Se nós pararmos e começarmos a observar ao nosso redor, vamos perceber que quase tudo está em processo de perecimento.

Doutor José mata o mosquito. Tusgavo segue falando.

Tradutora: (*traduz Tusgavo*) ...Para cada organismo que morre, outro nasce. Então, a morte não é o "contrário" da vida e sim um aspecto essencial dela. Se aprendêssemos isso desde cedo, seria mais fácil para todos nós. (*aponta para algo na mesa*) Vejam essas formigas carregando o corpo deste mosquito, olha! ...Isso é um corpo que acaba de falecer diante de nós. Enquanto a senhora falava de conto de fadas, um organismo vivo morreu, aqui, e assim também é conosco. A vida tem menos floreios, minha senhora, não me venha falar de "final feliz", por favor.

Reluma argumenta.

Tradutora: (*traduzindo Reluma*) O senhor não entendeu o que eu disse, estamos falando de coisas parecidas.

Doutor José: Perdão quanto ao fim do zum zum zum.

Tradutora: (*traduzindo o doutor*) Desculpem, mas o mosquito estava me incomodando demais.

Tusgavo retoma.

Tradutora: (*traduzindo Tusgavo*) Eu entendi perfeitamente a senhora. Eu só acho que se esses contos terminassem com a morte, ensinariam mais sobre a vida...

Reluma responde a Tusgavo.

Tradutora: (*traduz Reluma*) Eu vou tentar ser mais clara: as histórias ajudam as crianças a encontrar sentido para suas vidas, a encontrar...

Tusgavo a interrompe.

Tradutora: (*traduzindo Tusgavo*) E a senhora sabe lá o que é a vida?!

Reluma fala.

Tradutora: (*traduzindo Reluma*) Não menos que o senhor...

Tusgavo fala.

Tradutora: (*traduzindo Tusgavo*) Minha senhora, eu duvido que alguém aqui já tenha sujado as mãos de sangue, já tenha visto uma carne viva nascer. Duvido que alguém aqui já tenha feito um parto de camelo, de elefante, ou de um cachorrinho sequer! Eu já fiz e posso falar porque já estive com um filhote de camelo nos braços. Já salvei diversos... Não, vocês não sabem o que é vida, a vida é mais concreta do que os senhores pensam, a vida é de carne e osso.

Doutor José: E da carne de giz.

Tradutora: (*traduz o doutor*) E de espírito também.

Payá entoa uma canção.

Trumak: (*explica*) A Payá tá fazendo o enterro do mosquito morto. As crianças da tribo brincavam de enterrar mosquito. Nós dois somos os últimos que restaram do nosso povo depois que eles colocaram aquela hidrelétrica lá perto de nós. Inundaram tudo e nosso povo acabou morrendo porque perdeu a raiz. Payá ficou recolhida assim depois que morreu Manhula e só restou nós dois na aldeia.

Reluma chora. Tusgavo pergunta.

Tradutora: (*traduzindo Tusgavo*) A senhora está bem?

Reluma responde.

Tradutora: (*traduz Reluma*) Está tudo bem...

Tusgavo, sobre Reluma.

Tradutora: (*traduzindo Tusgavo*) Os seus estudos devem lhe conferir muita sensibilidade...

Doutor José: Não quer retirar seu corpo e fazer funcionar os pulmões?

Tradutora: (*traduzindo Doutor José*) Tem certeza de que não quer sair um pouco, respirar?

Silêncio. Reluma responde.

Tradutora: (*traduz Reluma*) Não... eu estou bem, muito obrigada. Isso é normal, eu estou bem... Obrigada, muito obrigada.

Doutor José: Melhor seria se mudássemos o caminho...

Tradutora: (*traduz Doutor José*) Talvez fosse melhor prosseguirmos com outra palestra, até que a senhora Reluma se restabeleça e possa dar prosseguimento ao que dizia.

Silêncio. Tusgavo concorda, fala.

Tradutora: (*traduzindo Tusgavo*) Bem... Creio então que posso mostrar os exemplares que trouxe.

Ele pega um aquário, coloca sobre a mesa.

Tradutora: (*segue traduzindo Tusgavo*) Como os senhores sabem, eu estudo peixes e agora vou explicar cientificamente como funciona o cérebro desta espécie aqui, quando está ameaçada e sente medo. Desde pequeno, sempre me encantei por aquários. (*Tusgavo aponta o objeto*) O aquário é um mundo. E para mim é como se nós, homens, fôssemos os peixes. (*dispersa-se*) Eu faço questão de brincar de colocar tesouros, sereias mecânicas, rochas falsas, ostras, pequenas árvores de plástico aqui dentro. Fico olhando os peixes rondando esses brinquedos e acho que eles imaginam que tudo em seu mundo é de verdade. Eu fico pensando: onde será que eles pensam que estão quando esbarram no vidro? Eles nem imaginam que fui eu que escolhi o tamanho de seu mundo. Eles nem imaginam que eu, que nós, estamos olhando para eles. (*Tusgavo está hipnotizado pelos peixes*) Nem imaginam quão pequeno é seu mundo, eles nem imaginam... Às vezes, depois de descansar meus olhos aqui, gosto de mirar meu olhar para cima (*olha para cima*) e olhar o céu com a malícia de alguém que sabe secretamente que também deve ter alguém olhando por nós. Porque "no fundo, somos como os peixes: imersos em um aquário, ou se tivermos mais sorte, imersos em um oceano".

Os peixes nadam no aquário. E novamente, Reluma chora. Tusgavo pergunta.

Tradutora: (*traduz Tusgavo*) A senhora está bem?

Doutor José: Está ouvindo algum ruído em si?

Tradutora: (*traduz o doutor*) Está sentindo alguma coisa?

Reluma responde.

Tradutora: (*traduz Reluma*) Estou sem ar, ah, estou sem ar!

Doutor José: (*para fora dali*) Oi! A saúde!

Tusgavo pergunta.

Tradutora: (*traduz Tusgavo*) O que está sentindo?

Reluma responde.

Tradutora: (*traduz Reluma*) Ah, que dor insana! Eu não consigo respirar, oh!

Payá: Fala o que tá sentindo!

Tusgavo fala enquanto traz um copo d'água.

Tradutora: (*traduz Tusgavo*) Beba isso que melhora. Isso pode ser essa diferença de fuso, tem corpo que não suporta a mudança de país tão brusca!

Silêncio.

Reluma se recompõe.

Tradutora: (*traduzindo Reluma*) Eu estou melhor, eu

estou bem melhor. Acho que a água me fez bem. Obrigada, muito obrigada...

Tusgavo insiste.

Tradutora: (*traduz Tusgavo*) Não quer sair, respirar um pouco, tem certeza de que está melhor?

Reluma responde.

Tradutora: (*traduz Reluma*) Não, eu estou melhor. Muito obrigada.

Tudo se acalma no Congresso Internacional do Medo.

Trumak: (*erguendo-se*) Tá ouvindo? Tá ouvindo? Tá ouvindo o carro lá fora? Tá ouvindo? (*ordena a todos*) Fecha o olho. Fecha o olho. Fecha o olho. Põe a mão no coração. Põe a mão no coração. Tá ouvindo? Tá ouvindo o coração? Tá parado? Quase parado num é parado. Quase parado não é parado. (*ordena*) Abre o olho. Abre o olho. Nuvem tá vindo de onde? Nuvem tá vindo de onde? Vento tá vindo de onde? De lá. Ouviu? Vento tá vindo de lá. Ouviu o vento? Ouve. Ouviu o barulho do mar? Ouviu? Nosso pai, pai meu e pai de Payá, pai nosso, ensinou muita coisa. Mãe nossa também. Ensinou que nós num deve fazer uma ação sem consciência. Quando Trumak vai botar a mão na água de manhã cedo, Trumak pensa: eu tô botando a mão na água. Como se tivesse mandando uma mensagem do corpo pro espírito. Se acendo o fogo, reconheço a lenha! Entendeu? Se acendo o fogo, reconheço a lenha! Senão o tempo distrai a gente. E a vida fica pálida. É o espírito que reinventa o dia a dia. Se homem tá vivendo num tempo que não pode pensar na água enquanto lava rosto, então o tempo correu mais que a perna do homem. Desse jeito homem vai ficar correndo atrás do tempo como quem quer agarrar sua sombra. Homem esquece que o tempo é o coração batendo, a gota da chuva encostando no chão. O raio. O raio é o presente. O raio é o instante. Quando o raio cai na Terra, clareia o instante da nossa existência. (*ordena*) Ouve o barulho do raio. Ouve. E o vento? (*ordena*) Ouve o barulho do vento. Sente vento no cabelo? Sente? Vento no cabelo? (*ensina*) Vento balança a pupila. Vento nina pensamento. (*ordena*) Ouve o vento, ó.

Payá: (*traduzindo o irmão*) O que Trumak tá falando é que nossa riqueza verdadeira vem do espírito. Nosso pai, pai meu e pai de Trumak, pai nosso, ensinou isso pra gente. Mãe nossa também.

Reluma pergunta para Payá.

Tradutora: (*traduz Reluma*) O que significam esses desenhos em seus braços?

Payá: (*apontando para si*) Isso aqui é o sol abrindo o dia. Esse aqui é o céu encostando no nosso cocar. Essa aqui é a lua, fazendo o sol dormir. Esse aqui de vermelho é a hidrelétrica derramando água na aldeia.

Trumak: O mundo mental é muito turbulento. O conhecimento é turbulento. Nós sabemos disso. Nossa tradição ensinou pra gente desde cedo a limpar a cabeça. Se o conhecimento não descansa, ele cansa. Nós não podemos fazer de nosso conhecimento uma aldeia triste. Pronto. Falei. Acabou a palestra.

Reluma respira, ofegante, chora. Tusgavo pergunta.

Tradutora: (*traduz Tusgavo*) De novo? Isso deve ser problema emocional!

Doutor José: Dê calma aos pulmões.

Tradutora: (*traduzindo Doutor José*) Respire profundamente.

Payá: É sempre de tempo em tempo que dá...

Tusgavo fala.

Tradutora: (*traduz Tusgavo*) A senhora se vacinou antes de vir pra cá?

Reluma grita.

Tradutora: (*traduz Reluma*) Ah, está vindo, está vindo de novo!

Payá: Sempre de tempo em tempo...

Tusgavo pergunta a Reluma.

Tradutora: (*traduz Tusgavo*) Vacinou?

Trumak: Deixa a moça...

Doutor José: Afrouxa seu corpo no espaço.

Tradutora: (*traduzindo Doutor José*) Procure relaxar.

Reluma fala.

Tradutora: (*traduz Reluma*) Terá que ser agora!

Payá: Fica calma.

Tusgavo reclama.

Tradutora: (*traduz Tusgavo*) Esse encontro é muito desorganizado. Se fosse em meu país a emergência já estaria aqui!

Doutor José: Localiza o estrangeiro!

Tradutora: (*traduz Doutor José*) Nos diga onde dói!

Reluma fala.

Tradutora: (*traduz Reluma*) É ele!

Doutor José: De qual ele ela diz?

Reluma continua.

Tradutora: (*traduz Reluma*) É ele...

Payá: Fica calma.

Doutor José: De que corpo se refere, poxa vida!

Tusgavo pergunta.

Tradutora: (*traduzindo Tusgavo*) A senhora se alimentou hoje?

Trumak: Deixa a moça.

Tusgavo grita.

Tradutora: (*grita, traduzindo Tusgavo*) Ela pode não estar se adaptando a esse lugar. É assim com os animais e com os homens!

Reluma deita-se na mesa do congresso: ela está grávida.

Doutor José: Vê só!

Tradutora: (*traduzindo Doutor José*) Olha!

Doutor José: Os meus olhos estão piscando!

Tradutora: (*traduzindo Doutor José*) Eu não posso acreditar!

Payá: (*para Trumak*) Era isso, Trumak, ela vai ter um bebê!

Reluma grita.

Doutor José: Você tem o ventre vivo?

Tusgavo fala.

Tradutora: Meu Deus do céu, como pode?

Reluma grita. Tusgavo pede calma aos gritos.

Tradutora: (*aos gritos*) Organização!

Doutor José: Socorro, este encontro é com a vida! Este encontro é com a vida!

Tradutora: Uma criança vai nascer neste congresso!

Silêncio. Reluma grita. Tusgavo fala.

Tradutora: (*grita*) Não tem ninguém da organização aqui?

Doutor José: (*para a plateia*) Essa casa está oca, vazia, nenhum manipulador? (*coloca com força as mãos em Tusgavo e diz seriamente*) Ouça, tudo que você disse está aqui. Molha de vida seu conhecimento e faça sua palestra com as mãos!

Tradutora: O senhor estuda parto de animais, faça o que deve ser feito!

Tusgavo fica perplexo. Posiciona-se diante das pernas de

Reluma, mergulha as mãos por baixo dos panos da saia de Reluma. Diz algumas coisas a ela, que continua a gritar. Tusgavo sussurra para os outros.

Tradutora: (*traduz sussurro de Tusgavo*) Ela está perdendo sangue demais!

Payá levanta a grávida, bruscamente. Tira os panos que cobrem o rosto de Reluma. Tusgavo narra os acontecimentos.

Tradutora: (*traduz Tusgavo*) Está nascendo!

Reluma grita.

Tradutora: (*gritando*) QUE SEJA BEM-VINDO! QUE SEJA UM MENINO DE CORAGEM! QUE NÃO TENHA MEDO DO PRIMEIRO AR QUE VAI RESPIRAR NESTE MOMENTO!

Nasce uma criança no Congresso Internacional do Medo. Tusgavo fica com a criança nas mãos.

Doutor José: Ele está vivo?

Tradutora: (*traduzindo Doutor José*) Nasceu?

Payá: Nasceu, sim.

Tusgavo fala.

Tradutora: (*traduz Tusgavo*) Sim, nasceu! É uma menina.

Doutor José: E não poderemos colocar os olhos?

Tradutora: E não poderemos vê-la?

Tusgavo fala enquanto afasta as pessoas.

Tradutora: (*traduz Tusgavo*) Deixe-a em paz, ela vai precisar descansar.

Silêncio.

Trumak: (*para a plateia*) Agora é a hora em que a lua coloca a noite no colo. O vento balança mais estranho, pra ensinar pras penas que o destino delas está no ar. Os raios que caem é o brinde do céu com o chão. E todo canto, todo som, até o som pequeno da brisa esbarrando na folha, é pra brindar mais um tempo que foi inaugurado.

Tradutora: Seja bem-vinda ao mundo, criança. Você nasceu. Agora lhe restará sofrer, amar, ter medo e coragem.

Os peixes fazem onda no aquário, como se também traduzissem ali, a seu modo, aquela felicidade. Todos estão emocionados no Congresso Internacional do Medo. Reluma fala enquanto nina a criança, encoberta por panos.

Tradutora: (*traduz Reluma*) Quem diria que minha filha nasceria fora de meu país.

Doutor José: Eis a terra dela.

Tradutora: Nasceu aqui.

Payá: Como Payá e Trumak.

Trumak: (*para Reluma*) Ela vai querer saber daqui, vai ficar curiosa.

Reluma fala com o bebê no colo.

Tradutora: (*traduz Reluma*) Meu país é tão longe daqui, nossas línguas são tão diferentes.

Tusgavo fala.

Tradutora: (*traduz Tusgavo*) Dois conterrâneos a viram nascer. É só não perdermos o contato, ora!

Reluma fala para seu bebê.

Tradutora: (*traduz Reluma*) Minha pequena, bem-vinda ao seu país...

Doutor José: (*para Reluma*) Conheci bons tombos-d'água dessa terra para levarmos nossa pequena para passear...

Tradutora: (*traduzindo Doutor José*) Conheci lindas cataratas para passearmos com ela aqui.

Reluma fala.

Tradutora: (*traduz Reluma*) Daqui eu só conheço algumas músicas que fazem sucesso no rádio.

Trumak: As músicas daqui fazem muito sucesso lá fora.

Doutor José: E também o comércio romântico...

Tradutora: (*traduz o doutor*) E também as novelas...

Doutor José: (*olhando em volta*) É mesmo uma pátria que sofre.

Tradutora: (*traduz o doutor*) É mesmo um país maravilhoso!

Doutor José: Que confusão de gentes, que tanto de terra pra uns e outros, nada!

Tradutora: (*traduz o doutor*) Quantas raças diferentes, que terra estupenda!

Doutor José: Tanta pobreza...

Tradutora: (*traduz o doutor*) Quanta simplicidade rica!

Doutor José: Não sei como se organizam.

Tradutora: (*traduz o doutor*) Quanta harmonia!

Doutor José: (*erguendo o copo*) Um estalar de vidros ao milagre da vida!

Tradutora: Um brinde ao novo tempo!

Doutor José: (*para Tradutora, trazendo-a para perto*) Diminua o espaço, vem estalar conosco! (*erguendo o copo*) Um estalar de vidros ao milagre da vida!

Tradutora: (*traduz o doutor*) Um brinde ao novo tempo!

Tusgavo fala.

Tradutora: (*traduz Tusgavo*) Isso é que é globalização!

Trumak: (*para Reluma*) Ela nasceu no outono. Isso quer dizer que suas quedas vão dar bons frutos.

Doutor José: Nessa época as folhas caem e servem de adubo a outras que vão nascer. É o tempo.

Tradutora: O outono diz muito da vida, porque o alimento da terra é o que ela mesma perde.

Payá: (*para Doutor José*) O outono pra nós é época de respirar com peixe na água, pra renovar o corpo.

Tusgavo pergunta.

Tradutora: (*traduz Tusgavo*) Ela está respirando?

Reluma responde.

Tradutora: (*traduz Reluma*) Sim...

Todos se reúnem ao redor da pequena vida.

Payá: (*para Reluma*) Até que ela não chorou muito até agora...

Tusgavo afirma.

Tradutora: (*traduz Tusgavo*) É, nossa menina é uma garota forte...

Reluma apresenta os congressistas à criança.

Tradutora: (*traduz Reluma*) ...e em homenagem a tudo que pode renascer, eu vou chamá-la de Payá.

Payá: Meu nome?

Doutor José: Achei essa decisão uma homenagem.

Tusgavo fala enquanto pega o aquário.

Tradutora: (*traduz Tusgavo*) Durante muito tempo estudei a vida desses peixes. E nunca pensei que nada teria mais valor pra mim do que eles. Mas o que eu vivi aqui hoje, diante do nascimento desta pequena, foi o recomeço.

Tusgavo presenteia seus peixes à criança. Reluma fala para a garota.

Tradutora: (*traduz Reluma*) Olha só, minha querida, você ganhou um presente...

Trumak: (*tirando o cocar da cabeça*) Isso aqui é como a gente vê a aldeia. (*aponta para uma pena*) Esse aqui é Trumak (*aponta pra outra*) E essa aqui é Payá.

Trumak presenteia seu cocar à criança.

Payá: (*tirando seu bracelete*) Eu ganhei isso de Manhula. Quando ela me deu, ela disse que isso era uma força pra continuar caminhando.

Payá a presenteia com seu bracelete.

Doutor José: (*pega o globo*) Toma, criança, esse é o mundo. Para a pessoa que é sua.

A criança recebe o mundo de presente. Tradutora sussurra na língua de Reluma para ela, tirando de si um colar e depositando ao lado dos outros presentes. Tusgavo fala com uma máquina fotográfica nas mãos.

Tradutora: (*traduz Tusgavo*) Bem, eu nunca faço questão de tirar foto nos congressos que eu vou, mas eu acho que nesse eu quero tirar...

Todos posam.

Doutor José: (*tirando a foto*) Vamos fabricar o instante. Façam a pose para o futuro!

A foto é tirada. Reluma fala.

Tradutora: (*traduzindo Reluma*) Caros amigos, eu

preciso agradecer a vocês por tudo.

Silêncio. Tusgavo pergunta.

Tradutora: (*traduz Tusgavo*) Ela não está dormindo demais?

Reluma responde.

Tradutora: (*traduz Reluma*) Não, não está...

Tusgavo fala, aliviado.

Tradutora: (*traduz Tusgavo*) Graças!

Payá: (*baixinho, para não acordar a criança*) Você tá dando o peito?

Reluma faz gesto que sim.

Trumak: Mamar é bom.

Tusgavo afirma.

Tradutora: (*traduz Tusgavo*) O leite acalma as crianças.

Silêncio. Tusgavo continua.

Tradutora: (*traduz Tusgavo*) Pela primeira vez, eu estou sentindo orgulho de meu conhecimento, de ter estudado tanto.

Reluma conversa com sua filha, como quem canta uma canção de ninar. Conta a história de Chapeuzinho Vermelho para a criança.

Payá: Vida nova traz a alegria pra quem tá por perto.

Tusgavo fala baixo para não acordar a criança!

Tradutora: (*traduz Tusgavo*) Tem certeza de que ela está respirando?

Reluma faz gesto que sim.

Doutor José: Que estampa colorida!

Tradutora: (*traduz o doutor*) Que menina linda!

Doutor José: Um grande pensador falou que isso é um milagre.

Tradutora: (*traduz o doutor*) O maior filósofo de todos os tempos disse que só mesmo a vida une as pessoas e cura suas doenças.

Tusgavo fala.

Tradutora: (*traduz Tusgavo*) Agora eu entendo porque esta organização nos chamou. É porque só a vida cura nosso medo.

Doutor José: Nágoras falou que a vida nos prega surpresas.

Tradutora: (*traduz o doutor*) Nágoras disse que a vida é uma grande epifania com pausas gigantescas.

Tradutora sente algo estranho dentro de si. Reluma fala.

Tradutora: (*traduz Reluma com dificuldade*) Hiócoles disse que o medo é a véspera da coragem.

Tusgavo fala.

Tradutora: (*traduz Tusgavo com dificuldade*) Fartre escreveu que o segredo da vontade de viver está dentro de um ovo. Bem como nós.

Trumak: Putdjawa me disse, um dia, que a felicidade mora no olho de uma onça. E que a gente, pra ser feliz, tem que olhar no olho dela.

Tusgavo fala. Tradutora não traduz. Tusgavo insiste.

Tradutora: (*traduz Tusgavo com dificuldade*) Senhora!

Doutor José: Ela não aparenta felicidade!

Tradutora: (*traduz o doutor*) Ela não parece bem.

Doutor José: (*para ela*) O que a senhora está ouvindo aí dentro?

Tradutora: (*traduz o doutor*) O que a senhora está sentindo?

Reluma pergunta a Doutor José.

Tradutora: (*traduz Reluma*) Cheque o pulso dela, ela está respirando?

Tusgavo implora.

Tradutora: (*traduz Tusgavo*) Fale conosco!

Tradutora: (*para os congressistas*) Escutem, eu nunca tive medo do conhecimento. De dissecar o mundo até encontrar seu átomo. Nunca temi entender a mecânica do movimento, a raiz da palavra, nunca temi entender o verbo "ser" na sua substância. Mas a morte, não. Eu nunca estudei a morte. A morte mesmo eu não sei. (*para Doutor José*) Doutor José, desculpe se não traduzi bem as suas palavras.

Doutor José: (*não compreende o que ela diz*) Como?

Tradutora: Mas também as palavras, às vezes, são tão menores do que o que queremos dizer. Ah! Eu estou dentro de mim, de costas para a minha face! Que temor!

Tradutora morre no Congresso Internacional do Medo. Os congressistas colocam seu corpo na mesa. Observam assustados.

Doutor José: (*olha para o aquário*) Talvez, pelo vidro, eles é que consigam ver quanto é minúsculo nosso aquário, quanto é triste nossa filosofia, quanto é medrosa nossa carde, diante disso, disso que não se traduz.

Não há ninguém para traduzir essas últimas palavras no Congresso Internacional do Medo.

O silêncio.

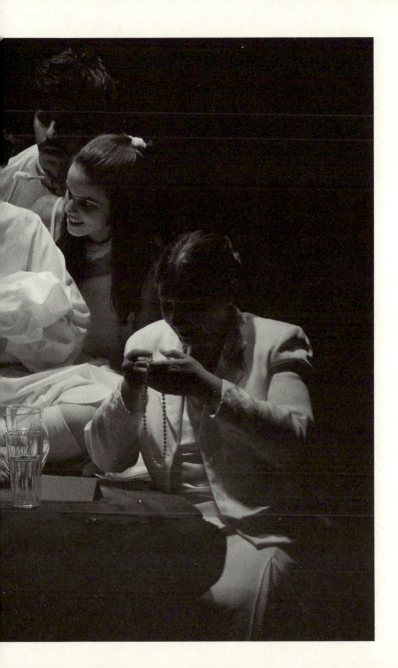

SOBRE O ESPETÁCULO

Deslimites do medo

José Marcio Barros
Doutor em Comunicação e Cultura pela UFRJ, professor do Programa de Pós-Graduação em Comunicação da PUC Minas e da Escola Guignard/UEMG

Como entrar nessa história? Como entender o percurso criativo e o produto artístico de um grupo cênico que se inicia com algo datado, localizado e traduzível e se transforma na mais pura e radical possibilidade da invenção?

Congresso Internacional do Medo, do grupo espanca!, parte de uma descoberta que se inicia com a leitura de um poema modernista de mesmo nome. Escrito pelo consagrado poeta Carlos Drummond de Andrade e publicado por volta de 1940 em um livro com o sugestivo nome de *Sentimento do mundo*, este poema de uma única estrofe com 11 versos de tamanhos irregulares, sem rimas e com a palavra "medo" repetida exatamente outras 11 vezes, se transformou no que Grace Passô chama de "disparador da ideia da montagem".

O poema "Congresso Internacional do Medo" nos impõe a acidez de seu autor:

Provisoriamente não cantaremos o amor,/ que se refugiou mais abaixo dos subterrâneos./ Cantaremos o medo, que esteriliza os abraços,/ não cantaremos o ódio porque esse não existe,/ existe apenas o medo, nosso pai e nosso companheiro,/ o medo grande dos sertões, dos mares, dos desertos,/ o medo dos soldados, o medo das mães, o medo das igrejas,/ cantaremos o medo dos ditadores, o medo dos democratas,/ cantaremos o medo da morte e o medo de depois da morte,/ depois morreremos de medo/ e sobre nossos túmulos nascerão flores amarelas e medrosas.

Já a montagem do grupo faz jorrar uma profusão de sentidos, fruto de um processo de criação coletiva iniciado quatro anos antes de sua estreia, quando seu disparador subjetivo foi acionado. Mas quem espera ver no texto-montagem a adaptação, transposição ou a tradução intersemiótica de Drummond, encontra outra coisa, bem mais radical e contemporânea. Bem mais livre e disruptivo, *Congresso Internacional do Medo*, como texto e dramaturgia, realiza aquilo que Julio Pinto chama de permediatividade, ou a instabilidade dos processos comunicativos que se centram nos sentidos e não nos significados.

"O que a permediatividade do signo considera é que exercer a linguagem é sinônimo de exercer um certo risco. Toda linguagem é indeterminada, toda linguagem é intransparente." (Julio Pinto)

Aqui, talvez, o segredo desta dramaturgia coletiva tão inquietante. Estamos diante de um texto/montagem em que os personagens, vindos de lugares imaginários distintos, falando línguas igualmente distintas e imaginárias, acabam por produzir a mais pura expressão da experiência de linguagem — aquela que transcende os limites dos significados *a priori* nos convocando ao processo indeterminado dos sentidos criados na tensão das interações.

Congresso Internacional do Medo do grupo espanca! é isso, uma radical experiência semiótica, marcada pelo imprevisível e opaco cênico, esse claro/escuro da linguagem e suas encenações.

Ler o texto e assistir à sua montagem são experiências muito próximas e convergentes. São possibilidades de descoberta de que as diferenças são a expressão de nossas universalidades, que "o chamado real é só mais uma das muitas possibilidades", que o "medo é a véspera da coragem" e que a substância mais humana da linguagem é exatamente sua capacidade de se superar na forma e de se diluir como significação transbordante.

Com Nina Caetano, em crítica publicada em seu blog Desautoria, encontro a expressão certeira desta profusão: o trabalho é uma pura dramaturgia de cena, de construção e destruição do significado previsível pela liberdade da significação.

O trabalho do grupo se alimenta das possibilidades de tratar o medo não apenas como sinal e referência da fragilidade diante de um perigo difuso da vida contemporânea. Enfrenta o medo como cultura, uma cultura defensiva, de recusa. Medo como expressão da fragilidade de um perigo real e imaginário, difuso e concreto, medo como linguagem, como estética, como ética, como *ethos*. Medo como medo. (In)consciência do perigo, t(r)emor, ansiedade, desejo, receio, apreensão, tensão. Medo como parte da repressão dos instintos, como limite que institui possibilidades; medo como deslimite que institui impossibilidades.

Assistir e ler *Congresso Internacional do Medo* é, portanto, uma experiência estética, ética e antropológica de desvelamento dos sentidos mesmos da condição humana. Uma experiência para quem não tem medo!

Morte e vida severinas

Gustavo Bones
Ator e integrante do grupo espanca!

Tenho dificuldade em escrever este texto porque temos dificuldade em conviver com a morte. É difícil encará-la, fitá-la como parte indissociável da vida; aceitar a dor como sentimento imprescindível da nossa experiência. É difícil escrever porque também tenho medo do fim, do "pronto-acabou". Tenho medo de piscar e não acordar mais. Como a febre ou a enxaqueca, é difícil a companhia da morte, incômodo tê-la por perto. Nosso Congresso Internacional procura mostrar a força de vida contida no nascimento e na morte também. Porque a morte é um momento de encontro com a vida. Posso dizer que cada vez que me deparei com a morte, companhia dura, difícil, mas professora, cada vez que a vi, senti muito, chorei, mas vivi. Vi também minha vida se fortalecer e abrir caminhos que me levaram a viver com mais consciência e muito mais frescor.

Vi a morte pela primeira vez no dia 7 de janeiro de 1995, numa estrada. Ela veio de repente, zás, sem aviso e arrancou violentamente uma vida muito estimada. E eu estava lá, criança. Aprendi seus ritos, seu cheiro, sua presença esmagadora no peito. Veio tão forte, tão avassaladora, que ainda hoje me lembro desse encontro, quase todos os dias. Ela voltou alguns anos depois, quando eu, revoltado, briguei porque ela existe, disse que não era justo, saia daqui, ninguém te convidou. Piedosa, ela foi embora e deixou a vida seguir. Aprendi que não se aceita a morte, que não se entrega as forças. Viver é lutar para estar vivo, desejar a vida. Depois eu a vi de novo, num hospital. Ela rondava os leitos ao meu redor e eu convivi com aqueles gemidos. Devia ser primavera, porque quando ela se foi, mais uma vez sem vítimas, cheguei cambaleante na janela, espremida construção, e vi flores em São Paulo. Dessa vez, ela me ensinou que é preciso estar alerta para sua visita, a qualquer momento. Ela sabe quem eu sou. Depois disso, preparei sua chegada, no verão de 2011. Me preparei para vê-la, preparação da despedida. E quando, enfim, ela chegou, era uma mistura de alívio e medo do futuro. Dessa vez, com serenidade, chorei de alegria, lembrando da risada inconfundível e da disposição para a vida. Chorei de boas lembranças, ainda bem. E aprendi que despedir-se é privilégio de poucos. Viver é isso: preparar-se para encontrá-la, cada vez num momento, de uma maneira, um passo adiante.

Congresso Internacional do Medo também viu a morte enquanto nascia. Coincidência ou não, vivemos na carne os discursos de nossos espetáculos enquanto criamos. E criá-los passa a ser uma reflexão, às vezes sofrida, sobre aspectos de nossas existências. Mas doer é sentir a vida. Depois de experimentar a morte, quando *Congresso* estreou, sua força-nascimento foi enorme, choro de bebê cheio de vida, berro pulsante, sangrando, a vida toda pela frente. A verdade é que

Congresso Internacional do Medo é, para mim, uma experiência de coragem. Coragem de enxergar a vida como um sentimento universal, complexo, múltiplo, composto pelo início e pelo fim, pela dor e pelo alívio, com esperança e ignorância, ciência e vivência, ator e personagem, palavra e silêncio, traduzível e intangível, num grande aquário e embaixo da terra. No *Congresso*, visitamos essa força da vida todos os dias. E trazemos para a cena o que já aprendemos com ela. Sinto, desde o princípio da peça, a presença alertadora, como quem diz lembre-se de mim, lembre-se de que eu existo e faça disso sua força para prosseguir. Faça o parto você mesmo, suje suas mãos de sangue porque a vida precisa explodir. E carregue você mesmo o corpo, vele a morte, porque onde há vida, há fim. É preciso lucidez nesses momentos, atenção. Cada corpo que você enterrar trará força à nossa terra, te aliviará no teu momento, te acostumará com os fins, os começos, recomeços e refins que ainda virão. Não é em vão: a terra tem memória e você estará lá, alimento para o futuro. Enterrar para brotar. Nascer para amadurecer. Morrer para entregar à terra. Entregar sua vida à próxima semente, sem temor.

O outro

Marcelo Castro
Ator e integrante do grupo espanca!

Imagine que você está parado em uma rua qualquer do Brasil, vem um homem japonês e pergunta:
— Com licença, qual o nome deste quarteirão?

Aí você responde:
— Esta é a rua dos Timbiras e aquela é a rua Rio Grande do Sul. Logo ali está a avenida Amazonas.

E ele:
— Tudo bem, mas como se chama esta quadra?
— Quadras não têm nome, as ruas é que têm. Os quarteirões ou as quadras são os espaços sem nome delimitados pelas ruas.

Então ele vai embora um pouco confuso.

Agora imagine que você está andando em uma rua qualquer do Japão e pergunta para uma pessoa na rua:
— Com licença, qual é o nome desta rua?

Ele responde:
— Este é o quarteirão 13 e aquele é o quarteirão 14.

— Ah, sim, claro, mas qual é o nome da rua?
— As ruas não têm nome, os quarteirões é que têm. Este é o 13 e aquele é o 14, todos os quarteirões têm nome e as ruas são apenas os espaços sem nome entre as quadras.

Congresso Internacional do Medo fala sobre a diferença, sobre o medo, sobre o conhecimento e a ignorância. Estamos tão perdidos na ilusão do nosso próprio "eu" que não percebemos o valor, a nobreza, o sofrimento ou a extinção dos "outros". Quanto mais avançamos no campo científico, mais acreditamos ter alcançado a verdade, porém não importa qual verdade você diga a respeito do mundo, o oposto também é verdadeiro.

BIOGRAFIAS

Grace Passô

Grace Passô é diretora, dramaturga e atriz. Estudou no Centro de Formação Artística da Fundação Clóvis Salgado, em Belo Horizonte. Foi cronista do jornal *O tempo* (MG) e atuou em companhias teatrais de Belo Horizonte, como a Armatrux e a Cia. Clara. Em 2004, se juntou ao grupo espanca! e escreveu as peças teatrais *Marcha para Zenturo*, *Amores surdos*, *Congresso Internacional do Medo* e *Por Elise*, tendo sido a diretora dos dois últimos textos. Escreveu e dirigiu *A árvore do esquecimento*, projeto do Festival de Arte Negra de Belo Horizonte. Em 2009, integrou o elenco de *France du Brésil*, espetáculo dirigido por Eva Doumbia, em Marselha, França. Dirigiu ainda *Os bem-intencionados*, do grupo Lume (SP) e *Os ancestrais*, texto de sua autoria, com o Grupo Teatro Invertido (MG).

Dentre os prêmios que recebeu, estão: Prêmio Shell SP e Troféu APCA (melhor autor, 2005); Prêmio SESC/SATED (melhor espetáculo e melhor texto, em 2005 e 2006); Prêmio Usiminas Sinparc (melhor texto e melhor atriz, 2006). Também foi indicada ao Prêmio Shell SP (melhor autor, 2009), Prêmio Qualidade Brasil (melhor texto e melhor atriz, 2008), Prêmio SESC/SATED e Prêmio Usiminas Sinparc (melhor atriz, 2004), entre outras indicações.

espanca!

Sediado em Belo Horizonte (MG), o espanca! foi fundado em 2004 e desde então concebe projetos que movem dinamicamente sua linguagem e expandem a relação do coletivo com o teatro. Com os espetáculos *Por Elise*, *Amores surdos* (dirigido por Rita Clemente), *Congresso Internacional do Medo*, *Marcha para Zenturo* (concebido em parceria com o Grupo XIX de Teatro) e *Líquido tátil* (dirigido e escrito por Daniel Veronese), o grupo criou um repertório em parceria com diversos artistas convidados. Dentre os prêmios e indicações já recebidos estão o Prêmio Shell SP, Prêmio SESC/SATED MG, Prêmio Usiminas Sinparc MG, Prêmio Qualidade Brasil e Troféu APCA. Em 2010, o grupo inaugurou o Teatro Espanca! — sua sede no centro de Belo Horizonte — espaço que além de abrigar as atividades da companhia, se abriu para projetos artísticos de diversas linguagens.

Copyright © Editora de Livros Cobogó
Copyright © Grace Passô

Editoras: ISABEL DIEGUES
　　　　　BARBARA DUVIVIER
Coordenação de Produção: MELINA BIAL
Produção Editorial: VANESSA GOUVEIA
Revisão Final: EDUARDO CARNEIRO
Projeto Gráfico, Diagramação e Capa: 45 JUJUBAS
Fotos: GUTO MUNIZ

Nesta edição, foi respeitado o Acordo Ortográfico da Língua
Portuguesa de 1990, que entrou em vigor no Brasil em 2009.

Todos os direitos reservados à
Editora de Livros Cobogó Ltda.
Rua Jardim Botânico, 635/406
Rio de Janeiro – RJ – 22470-050
www.cobogo.com.br

　　　　　　　　　　Patrocínio　　　　　Realização

CIP-BRASIL. CATALOGAÇÃO-NA-FONTE
SINDICATO NACIONAL DOS EDITORES DE LIVROS, RJ

P318c

Passô, Grace, 1980-
  Congresso internacional do Medo / Grace Passô. - Rio de Janeiro : Cobogó, 2012.
       (Espanca! ; 4)

  ISBN 978-85-60965-40-3

  1. Teatro brasileiro. I. Título. II. Série.

12-7980.   CDD: 869.92
                        CDU: 821.134.3(81)-2

2012

1ª impressão

Este livro foi composto em Franklin Gothic.
Impresso pela Prol Editora Gráfica sobre
papel pólen bold para a Editora Cobogó.